김왕노 디카시 입문서

디카시를 쓸 결심

김왕노 디카시 입문서
디카시를 쓸 결심

초판 1쇄 발행 | 2024년 6월 20일

지 은 이 | 김왕노
펴 낸 이 | 김왕노
주 간 | 김조민
편 집 장 | 소하
편집위원 | 박주영, 손계정, 손설강, 김경숙,
　　　　　조필, 김유석, 김사륜, 김영빈
펴 낸 곳 | 시인광장
등록번호 | 제2023-000120호
등록일자 | 2023년 11월 20일
주　　소 | 경기도 수원시 영통구 중부대로 448번길 28
　　　　　레이크파크 211동 1503호
전　　화 | 010-4592-2767
전자우편 | kwn346@naver.com
블 로 그 | blog.naver.com/w_wonho

ISBN 979-11-985545-7-4　03810

값 14,000원

* 이 책은 전부 또는 일부 내용을 재사용하려면 저자와 '시인광장'의 동의를 받아야 합니다.
* 이 도서의 국립중앙도서관 출판도서목록은 서지정보유통지원시스템 홈페이지(http://seoji.nl.go.kr)와 국가자료공동목록시스템(http://www.nl.go.kr/kolisnet)에서 이용하실 수 있습니다.

김왕노 디카시 입문서
디카시를 쓸 결심

김왕노 著

시인광장

■□ 책머리에

내 의식은 녹슬어가고 있는 쟁기였다.
내 몸은 게으름만 되새김질하는 황소였다.
그러나 내 등짝을 후려치며
거대한 디카시라는 대지를 갈아엎고
희망이라는 씨앗을 뿌리는 자들이 있었으니
웹진 시인광장 주간 김조민, 편집장 소하
편집위원 박주영, 손계정, 손설강, 김경숙
조필, 김유석, 김사륜, 김영빈님들이었고
그리고 이웃하면서 좋은 디카시를 선물하는
오정순, 정사월 시인님과 울산화봉사진관
강병훈 사진작가였다.
이 디카시 입문서는 그들로 인해 탄생했다.
그들이 내게 선물했으므로 거듭 고맙다.

- 2024년 6월, 김왕노

차례

1. 디카시란 무엇인가 - 17

2. 디카시를 쓰면서 저지르기 쉬운 오류와

   제목 붙이기 - 19

3. 디카시와 시의 다른 점 - 22

   1) 시에 대하여 - 22

   2) 디카시에 대하여 - 22

   3) 시와 디카시 쓰기의 실제 - 23

   ① 시 쓰기 - 23

   ② 디카시 쓰기 - 24

4. 디카시에서 가장 중요한 창의적 발상 - 27

5. 좋은 디카시는 먼저 좋은 사진에서 - 40

   1) 스마트 폰으로 사진 잘 찍기 - 40

   2) 사진의 구도 잡기 - 41

① 소실점구도 - 42

② 황금분할구도 - 43

3) 사진의 실제 - 44

6. 좋은 디카시는 좋은 측광에서 - 46

   1) 평균 측광 - 47

   2) 중심부 중점 측광 - 48

   3) 스팟 측광 - 49

7. 좋은 사진으로 좋은 디카시를 쓰는 법 - 50

   1) 좋은 디카시는 순간 포착으로 - 51

   2) 좋은 디카시는 대상의 창의적 발상으로 - 56

8. 좋은 디카시 감상 - 64

9. 끝으로 - 79

◐ 부록 - QR코드로 떠나는 디카시 여행 - 80

김왕노 디카시 입문서

디카시를 쓸 결심

1. 디카시란 무엇인가

　디카시는 경남 고성이 고향인 이상옥 시인이 창시자다. 하여 디카시 발원지는 경남 고성 장산 숲이다. 선구자 역할은 한국디카시인협회 김종회 회장, 한국디카시학회 이어산 회장이고 아울러 최광임, 박우담, 이기영, 천융희 시인이 디카시 발전의 원동력이 되고 있다. 이승하, 공광규, 송찬호, 이정록, 복효근, 김남호, 손정순, 오정순, 정사월 시인도 디카시 발전에 큰 힘이 되고 있다. 본인도 디카시를 영상화한 모음집을 제작, 유튜브로 120회 발간하고 꾸준히 디카시 강의자료를 제공하며 웹진 시인광장디카시를 만들어 주간 김조민, 편집장 소하, 편집위원 박주영, 손계정, 손설강, 김경숙, 조필, 김유석, 김사륜, 김영빈 시인과 디카시 발전에 박차를 가하고 있다. 개인적으로 게릴라, 이별 그 후의 날들, 아담이 오고 있다. 독작, 기억의 폭력, 수원시 디카시(공동 시집), 수원 아가(娥歌) 등 디카시집을 내고 카톡과 유튜브, 페이스북 등 각종 SNS를 통해 디카시 전도사로 활동하고 있다.
　디카시의 사전적 용어는 디지털카메라로 자연이나 사물에서 시적 형상을 포착하여 찍은 영상과 함께 문자로 표현한 시이다. 실시간으로 소통하는 디지털 시대의 새로운 문학 장르로, 언어 예술이라는 기존 시의 범주를 확장하여 영상과 문자를 하나의 텍스트로 결합한 멀티 언어 예술이다. 쉽게 말하면 사진을 찍고 그 사진에 어울리는 5행 이내의 언술을 하는 것이다. 그

일에 제약이 있는데 반드시 자신이 찍은 사진이어야 하고 자신이 직접 쓴 5행 이내의 시여야 한다. 초창기에 일필휘지 촌철살인이란 말이 디카시 쓰는 방법인 양 열풍처럼 휘몰아쳤으나 꼭 그런 것만은 아니고, 일필휘지 촌철살인으로 써도 되지만, 사진을 두고 음미하며 때로는 뜸 들이듯 써도 된다. 이 두 가지 방법을 병행해 써도 무방하다. 디카시는 결국 영상기호와 언어기호로 이뤄진 것이라 할 수 있으며 사진과 짧은 언술의 융합이 디카시. 언술이란 말도 결국 5행 이내의 사진과 어울리는 시이다. 디카시 쓰는 순서는 제목을 쓰고 사진을 두고 아래에 다섯 줄 이내의 언술(사진과 어울린 짧은 시)로 쓰고 다음에 이름을 넣는다. 제목-사진-언술-이름 순이다. 그리고 디카시는 사진을 우선 찍는 것이 중요하다. 좋은 사진은 좋은 디카시를 쓰는 지름길이다. 사진의 대상은 사건 사고나 일상적인 것, 동적인 것, 정적인 것, 자연물이나 조형물, 자연현상과 사회현상, 무기물과 유기물 등이다. 구체적으로 말하면 꽃과 나무, 사람과 짐승, 바다와 구름, 강과 나무, 건물, 공연하거나 행군하는 모습, 사람의 모습, 얼굴로 결국 피사체로 선택할 수 있는 모든 것을 디카시의 재료로 쓸 수 있다. 그럼으로 우리는 무궁무진한 디카시의 세상 속에서 살고 있다. 일상생활에서 접하는 모든 것 디카시인 세상이고 우리는 그 디카시의 세상에서 살고 있는 것이다. 사진 한 장과 다섯 줄 이내의 시로 문학을 하고 문학을 통해 자신의 꿈을 마음껏 펼칠 수 있는 것이다.

2. 디카시를 쓰면서 저지르기 쉬운 오류와 제목 붙이기

처음 디카시를 접하는 사람들은 사진에 5행 이내의 시를 설명처럼 덧붙여 쓰는 경우가 많다. 그것은 포토포엠(Photo Poem)이란 측면이 강한데 디카시는 사진에 대한 설명이 아니라 자신의 주관을 주입해 새로운 창의적 발상과 발상의 전환으로 대상을 확대시켜 나가는 이것이 포토포엠과 디카시의 다른 점으로 이것 때문에 디카시가 문학의 한 장르가 되는 점이 되기도 한다. 예를 들면 강물 사진에 강물이란 제목을 붙이고 디카시를 쓰는 경우가 많은데 당연히 강물 사진에 강물이란 제목을 붙이는데 뭐가 문제냐 하지만 이것은 제목부터 디카시를 강물에 한정시키고, 새로운 창의적 발상과 발상전환을 제한하여 디카시의 감동과 이미지를 확산시키는데 실패하고 사진에 갇힌 언술을 구사하게 되기 때문이다. 그리고 5행 이내의 언술인데 시적 필요가 아니면 가능한 중복되는 시어를 사용하지 않아야 한다. 특히 제목 붙이기도 중요한데 '고성 상족암에서'란 제 졸시를 보며 살펴보기로 한다.

고성 상족암에서

저기 백악기의 나라가 있을까.
공룡울음 푸른 곳
아나키스트마저 꿈꾸는 나라

견딜 수 없는 파도 소리로 밀려오는
푸른 공룡울음이여.

- 김왕노

　　디카시 제목 붙이기는 시보다 힘들다. 사진이 대부분 주제인 대상과 부제인 배경으로 이뤄지는데 대상의 이름을 제목으로 붙인다면 너무나 사진으로 빤히 보여지기에 흥미가 떨어진다. 사과 사진을 두고 디카시 제목을 사과라 붙이는 것과 같다. 사진과 간극이 좀 벌어진 제목을 붙이는 것이 디카시에 시너지 효과를 가져온다. 대상을 제목으로 피하는 것이 좋다지만 때로는 대상에 대한 정보를 제목에 쓰는 경우가 있다. 특히 외국으로 나가 쓰는 디카시에 그런 경우가 많다. '고성 상족암에서'란 위의 시에서 미리 상족암을 경험한 사람은 고성 상족암에서 하면 식상할 수 있으나 이것은 제목이 미리 장소나 시기의 정보를 제공해 시를 완성하는 경우이다. 시의 실마리를 제목부터 풀어가는 것이다. 대상이 상족암에서 바라보는 아득한 곳이므로 시작되는 백악기고 공룡이고 꿈이기에 이것이 제목과 사진과 언술의 일치로 디카시가 되는 것이다. 단, 제목이 지렛대 역할을 하였으나 제목이 대상에 대한 지칭이면 포토포엠으로 흐르기 쉬운 단점을 가지게 된다는 것을 늘 염두에 두어야 한다. 너무 디카시 내용에서 동떨어지는 제목이면 혼란이 오므로 디카시 내용을 놓고 제목을 정해도 좋은 방법이다.

검은 성자

성자를 본다.
삭막한 도시에서 먹이를 구해
새끼를 기르는 모습

아버지 어머니도 성자로 살다 가셨다.

– 김왕노

검은 성자는 검은 새를 검은 성자로 전환했다. 내용을 보면 온몸이 검게 타도록 모든 것을 희생하는 부모와 새를 동일시해 새를 성자로 하고 이어 부모님을 발상 전환으로 성자로 했다. 검다는 것은 희생의 빛깔임을 나타냈다.

3. 디카시와 시의 다른 점

1) 시에 대하여

시는 언어로만 이루어져 있다. 여러 가지 시작법이 있으나 시를 쓰려면 시의 대상을 통해 메시지나 이미지를 얻어 여러 가지 언어적 방법으로 시를 써낸다. 이 과정에서 누구나 다 겪은 경험일 수 있고 아니면 자신이 경험한 대상을 어떻게 보느냐에 따라 시의 전체 윤곽이 잡히고 설득력 있는 시가 된다. 도식화하면 아래와 같다. 여기서 시적 대상은 극히 광범위하고 모든 사물과 모든 현상과 자연과 인간과 인간사가 된다. 시 쓰기는 아래와 같은 과정으로 이뤄진다고 보면 된다.

대상의 직, 간접경험→낯설게 보기, 다르게 보기, 창의적 발상, 발상의 전환→알레고리, 메타포, 상징 등으로 시 쓰고 다듬기→ 완성

2) 디카시에 대하여

시 쓰기와 달리 디카시는 대상이 피사체 즉 사진으로 한정된다. 그러나 디카시도 피사체 즉 사진이 시의 대상처럼 피사체가 시의 대상처럼 극히 광범위하고 모든 사물과 모든 현상과 자연과 인간과 인간사가 된다. 시와 디

카시의 같은 점은 광범위한 대상으로 표현하는 것이고 시언어로 표현되는 것이고 디카시는 피사체와 어울리는 5행 이내 언술로 표현된다는 단서가 붙는다. 아래와 같은 과정으로 디카시는 완성된다. 시와 디카시의 차이점은 대상은 동일하되 사진이라는 피사체가 시의 대상으로 들어오는 것이 디카시인 것이다.

직접 찍은 사진→낯설게 보기, 다르게 보기, 주관개입으로 창의적 발상, 발상의 전환→사진과 어울린 알레고리, 메타포, 상징 등으로 5행 이내 언술로 쓰고 다듬기→ 완성

3) 시와 디카시 쓰기의 실제

① 시 쓰기

처절한 꽃

김 왕 노

밤새 폭설이 새하얗게 내린 아침 여기저기
설해목 가지 뚝뚝 부러져 적설을 뿌리치던 겨울이 있었다.

오늘 아침 산대저수지로 뛰어가는 길
작심한 듯 부러져 길을 막고 있는 아까시나무들

부러질 수밖에 없는 이유가 아카시아에 있었던 것
그렇게 소담스러운 아까시나무꽃을 수없이 송이송이 매달았으니
가볍다고 생각한 적설로도 생가지 뚝뚝 부러지는데
가볍다고 생각하는 꽃이지만 저렇게 많은 송이면
꽃 무게로 가지를 찢기거나 줄기마저 부러뜨리는
불상사에 이를 수밖에 없어
설해목은 눈 때문이나 아까시나무는 자기가 피운 꽃무게 때문
아무리 생각해도 모순의 꽃, 모순의 아까시나무
쓰러져도 꽃송이를 놓지 않는 가지들이 처절하게 아름다웠다.

-「처절한 꽃」전문

아카시아꽃이 송이송이 너무 많이 매달려 가지 찢어진 아까시나무를 외부적 힘 때문이 아니라 과욕이라는 내부적 문제에 의해 일어난 일이라 본다. 꽃 필 수밖에 없으나 너무 많은 꽃이 가진 꽃의 무게로 참사에 이른다는 것을 보여준다. 과욕과 과적에 대한 경고의 메시지를 시에 담았다. 그래도 꽃을 놓지 않는 아까시나무로 삶의 끈질긴 의지를 북돋아 주는 시로 썼다.

② 디카시 쓰기

가지가 찢어져 드러난 거대한 상처를 아카시아의 입으로 발상의 전환을

꾀하였다. 과욕의 말로가 어떤지 고발하며 알리고 있다. 그리고 보이지 않는 뻐꾸기 아련한 울음으로 말로에 대한 슬픔을 증폭시켰다.

과욕은 금물

꽃 무게로 찢어진 가지
비로소 열린 입의 외침
과욕은 참혹하다는 말
맞는 말이라 후렴을 넣는
저 아련한 뻐꾸기 울음

— 김왕노

찢어진 가지를 득음에 이르러 절창하는 입으로
창의적 발상으로 전환을 꾀하였다. 쩍 가지가 부러지며 하던 절창
처음이자 마지막 절창을 혼곤한 봄밤으로 듣지 못했다는 아쉬움으로 썼다.

봄밤

드디어 바람의 무두질과 담금질로
득음에 이르러 침묵을 깨며
처음이자 마지막으로 부른
단 한 소절의 절창을 들었는가.
봄밤에 취했지만 깨어 들었는가.

– 김왕노

4. 디카시에서 가장 중요한 창의적 발상

 사진은 부제인 배경과 주제인 대상이라는 부분으로 나눠진다. 배경을 여백으로 잘 이용해도 되고 필요에 따라 대상을 흐릿하게 사용할 수 있다. 배경이 너무 어지러우면 대상이 흐려지는 경우가 있으므로 배경을 단순하게 찍는 것도 대상을 부각시키는 한 방법이다. 그리고 한 사진을 두고 여러 가지 시를 써 보고 제일 좋은 디카시를 발표하는 것은 좋은 방법이다. 대상을 보고 창의적 발상을 하며 때로는 발상의 전환을 하고 대상을 확산시켜 나간다. 그리고 대상을 개인사와 연관시킬 것이냐 사회현상이나 이념과 연관시킬 것이냐에 따라 디카시가 각기 다른 메시지를 던져준다. 디카시를 보면 작가의 마음을 읽을 수 있다. 그러면 대상을 어떻게 창의적 발상을 하고 발상의 전환을 함으로써 대상을 확산시켜 나가는 것을 살펴보기로 하자.

생환 / 김왕노

나는 새를 보랴
찌그러진 깡통을 들지 않았지만
어디 새인가.
이 땅에서 죽지 않고
살아 돌아가는 각설이지.

불법체류자 / 김왕노

온갖 고초 다 겪으며
키웠던 코리아 드림
끝내 버렸으나 무사히 돌아간다.

그간의 일을 고하려
본국으로 돌아간다.

영웅본색 / 김왕노

고고한 채 물 위를 수놓지 마라
허기지면 모든 것을 팽개치고
울면서 먼 길을 떠나가지 않는가.

동행 / 김왕노

높이 날고 낮게 날고
앞장서고 따라나서고

티격태격 가야만
완성되는 하늘길 하나

고향 유정 / 김왕노

잊었다 했는데도 더 뚜렷해지는 하늘길

고향 가는 길이
까마득하나 저리 빛날 줄이야.

비상 / 김왕노

무거운 슬픔을 나누어 가지고
날아가니
갈 수 없는 곳이 하나도 없는 세상이다.

그리움은 죄 / 김왕노

천년 날아도 끝이 없는 하늘이여
그리움이 죄라지만 끝없는 하늘처럼
끝맺을 수 없는 그리움이여

그래 그리움이란 죄에는 공소시효가 없다.

무소유 / 김왕노

무거워, 무거워 세상은 그대로 두고
맨몸으로 떠나는 해탈의 먼 먼 길

하늘 꽃 / 김왕노

날개를 활짝 펴는 것도
하늘로 꽃으로 피는 일이라
풀잎이 파르르 떨었다.
광교호수에 파문이 일었다
우주가 잠깐 들썩했다.

노래들 / 김왕노

도라시솔라 도라시솔라로
하늘을 노래로 물들이는 새
가는 길이 수 만리지만 짧다.

아직도 멀었나 / 김왕노

조금만, 조금만 더 가자니까
우리가 지쳐 날개를 접는 곳이
신천지고 고향이니 조금만 더

꿈꾸는 것 / 김왕노

꿈꾸는 것은 찾아 나서야 해
꿈꾸는 것은 다가오지 않아
심신이 지쳐도
날자, 날아서 찾아가자꾸나.

물질적 사랑 / 김왕노

사랑한다는 한마디 말보다
한잔의 커피가
더 뜨거운 사랑일 수 있다.

독작(獨酌) / 김왕노

상처라도 끓여 혼자 홀짝이니
미운 사람 하나 없는 세상이다.

독대(獨對) / 김왕노

한겨울 지난다고 날 선 가슴
오랜만에 독대하니
만월로 차오르는 마음이구나.

참회 / 김왕노

고개 들어라.
너보다 더 죄 많은 나도
이렇게 떳떳하게
네 앞에서 웃고 섰는데

희망 / 김왕노

울지마, 밖으로 나가자
제발 나가자니까.
우리가 벗어 던진 옷도
벌써 꽃이 되었다.

청산의 어머니 / 김왕노

눈 감고 고개 숙이니
떠오르는 것이 청산

그리고 그리운 청산의 어머니, 어머니

아버지 / 김왕노

자식 살아갈 세상이 개판이라
뿔난 아버지, 백정의 망치가
정수를 때리더라도
상관없다며 울부짖는 아버지

묵정밭 / 김왕노

도시는 묵정밭이 아닌가.
묵정밭으로
어슬렁어슬렁 봄이 오게
쟁기날 깊게 내리려는 아침

뜻하지 않는 슬픔 / 김왕노

나로 인해 누가 울었다면
나를 위해 운 누구보다
나는 더 울어야 해
소가 되어 응응 울어야 해

그리움이란 불벼락 / 김왕노

날개를 접었다 해
그리움을 접은 게 아니다.
밤새 그리움으로
속도 겉도 다 검게 탔다.

새벽의 의미 / 김왕노

허기로 지샌 밤
배를 채우라며
서서히 밝아오는
새벽 산대저수지

짝 / 김왕노

너 떠났다 해 미워하지 않는다.
어디 가든 부디 행복하게 잘 살길
내게 남은 일은
짝 잃은 물새로 울고 우는 것

   대상의 창의적 발상과 발상의 전환 발상의 확산에 따라 디카시의 수준이 좌지우지된다는 것을 보았다. 어떤 감정이입을 하고 어떤 주관적인 해석을 하느냐로 디카시의 생명이 좌지우지됨을 보았다.

5. 좋은 디카시는 먼저 좋은 사진에서

사진은 디카시의 기본이자 베이스고 좋은 디카시가 탄생하는 텃밭과 같다. 피사체의 대상과 어우러진 5행 이내의 언술로 만들어지는 것이 디카시다. 그리고 디카시는 단 한방의 예술이 아니라 정확한 방법에 의해 사진을 찍고 5행 이내의 언술을 하는 것이다. 좋은 사진을 찍고 언술하는 습관을 가지면 더 좋은 디카시를 얻기에 결국 디카시는 습관의 예술이라고도 할 수 있다.

1) 스마트 폰으로 사진 잘 찍기

① 렌즈 관리-렌즈에 흠을 내지 않는 천이나 알콤솜이나 안경닦이로 렌즈를 닦는다.
② 구도선 켜기-카메라 설정에 들어가 구도선 켜기 수평/수직선 안내선을 켜서 사용한다.
③ 아웃포커싱(배경 날리기)하기-배경을 흐리게 하고 대상만 선명하게 하기 위한 것이다. 카메라 앱 하단의 오른쪽에 있는 더보기를 누르고 인물모드나 아웃포커스를 사용하면 된다.
④ 사진은 조명의 예술이라는 말이 있듯 대상에 맞는 어울리는 조명과 측광으로 찍는다.

⑤ 대상과 목적에 따라 각도를 다르게 하며 찍는 본인의 위치를 바꾸며 찍는다.
⑥ 필요에 따라 여러 장을 찍어 그중에 택하여 디카시로 쓰는 것이 디카시의 수준을 높이는 것이 된다.
⑦ 사진찍기에만 몰두하다가 상황판단이 흐려질 수 있으므로 안전사고가 일어나지 않도록 유의한다.
⑧ 사진찍기에는 황금분할구도와 소실점구도가 있으므로 대상에 따라 적절히 사용한다.
⑨ 사진은 조명이 중요한데 조명 중 측광에서 평균측광이나 중심부 중점측광, 스팟측광을 사용하면 목적에 맞는 좋은 사진을 얻을 수 있다.
⑩ 여백을 적절히 사용하여 동양화 같은 피사체를 얻으면 디카시가 안정감이 있다.
⑪ 대상을 정중앙에 위치시키면 시각적으로나 심리적으로 답답하거나 불안을 초래하므로 특별한 의도가 없으면 대상을 한쪽에 치우치게 찍어도 좋다.
⑫ 인물사진이나 인물이 포함된 사진을 찍을 때는 초상권이 있고 저작물에도 저작권이 있으므로 사전동의를 구하는 등 유념해야 한다.

2) 사진의 구도 잡기

구도 잡기는 여러 가지가 있고 개인적 취향에 따라 구도를 잡아도 되지만 기본이라는 소실점구도와 황금분할구도를 살펴보기로 한다.

① 소실점구도

김왕노 사진

소실점 구도는 사진에 닿는 시선의 집중도가 높고 사물 및
풍경의 입체감과 거리감을 잘 표현할 수 있습니다.
소실점 구도 방식의 촬영은 반드시
시작점과 끝점을 최대한 표현해 주는 것이 좋습니다.

김왕노 사진

소실점 구도에서 반드시 화면 가운데 있을 필요는 없습니다.
비대칭형으로 구도를 잡으면 화면이 웅장해지고 역동성이 한층 부각 됩니다.

② 황금분할구도

황금분할구도는 피사체의 균등한 화면 배분으로
가장 안정적인 시선의 흐름을 유도합니다.
황금분할구도는 아래 그림과 같이 피사체를 위치하게 하고 촬영하면 됩니다.

김왕노 사진

김왕노 사진

3) 사진의 실제

사진은 찍는 사람의 입장에서 찍지만 사진을 보는 사람의 입장도
염두에 두어야 하고 목적에 따라 찍는 방법이 다를 수 있으나
사진은 호흡하는 미세동물과 같아 어떤 시간, 어떤 각도, 어떤 기분으로
찍느냐에 따라 사진의 질이 달라진다는 것을 염두에 두어야 한다.

류인 전시회에서

동탄에서

산대저수지에서

조명희 문학관에서

원천동 집앞에서

실상사 앞에서

원일초 옆에서

몰운대에서

서울평창동에서

충무로역에서

충무로역에서

충무로역에서

충무로역에서

충무로역에서

충무로역에서

| 원천천에서 | 백운호수에서 | 수원화성에서 |

6. 좋은 디카시는 좋은 측광에서

정확한 노출로 양질의 사진을 얻기 위해서는 무엇보다 조명이 중요하다. 조명은 순광, 사광, 반역광, 측광이 있다. 그 중에서 스카트폰을 사용한 측광은 디카시를 쓸 때 반드시 알아야 할 중요한 점이다. 측광은 평균측광, 다중 분할식 측광, 중심부 중점 측광, 스팟(스폿) 측광이 있다. 이 중에서 평균측광, 중심부 중점 측광 ,스팟(스폿) 측광을 알아보기로 한다.

1) 평균 측광

김영빈 시인 사진

소하 시인 사진

　렌즈를 통해 들어온 빛의 전체를 평균적으로 노출 시키는 방식이다. 일반적인 카메라에 기본적으로 설정된 측광방식이다. 카메라 모드를 자동으로 설정할 경우 사용되는 방식이다.

2) 중심부 중점 측광

렌즈를 통해 들어온 빛의 중심부에 중점을 두어 전체 화면의 평균 밝기를 측정하는 방법이다. 대상이 화면 중앙에 위치할 때 AE잠금 (노출고정)을 사용하면 좋다. 일반적으로 평균측광 다음으로 많이 사용하는 방식이고 렌즈 회사마다 사용방법이 다를 수 있다.

소하 시인 사진

소하 시인 사진

3) 스팟 측광

중심부 중점 영역보다는 더 작은 영역인 피사체의 한점을 측광 범위로 하고 있다. 화면의 특정 영역을 측광하거나 콘스라스트가 강한 피사체를 촬영할 때 적합하다. 측광 형식이 한 점이라 다소 촬영이 어려우므로 많은 연습이 필요하다.

박주영 시인 사진

박주영 시인 사진

*사진에 관해 울산화봉사진관 강병훈 사진작가의 많은 조언과 자료제공이 있어 거듭 감사드립니다.

강병훈 사진 작가님

7. 좋은 사진으로 좋은 디카시를 쓰는 법

롤랑 바르트가 카메라 루시다에서 사진을 보는 두 가지 방법을 말하였다. 하나는 사진을 액면 그대로 보는 것, 또 하나는 주관적인 입장에서 보는 것이다. 액면 그대로 보는 것을 스투디움이고 자신의 입장에서 보는 것을 푼크툼이라 하였다. 디카시는 사진을 액면 그대로 보는 스투디움에서 한 치 더 안으로 파고들어 푼크툼으로 자신의 감정을 이입시켜 5 줄 이내의 언술 (짧은 시)로 쓰는 것이 디카시이다. 쉽게 말하면 자신의 주관대로 사진의 대상(주제)을 해석하여 대상의 확산과 창의적 발상과 발상의 전환으로 나타내는 것이다. 그러나 중요한 것은 이때 짧은 시가 사진과 어울려야 하는 점이다. 짧은 5행 이내의 언술과 사진과 서로 육화되지 않으면 디카시는 어색하고 불구의 디카시가 되는 것이다. 그러나 우리가 제일 과오를 저지르기 쉬운 것은 디카시의 시가 짧다 해서 표현들이 관념적이면 디카시의 맛이 떨어지고 디카시의 구체성이 떨어지므로 쉽게 공감하거나 감동을 주지 못한다. 언술은 짧지만 구체적이어야 한다. 좋은 디카시를 쓰기 위해 부단히 시집을 펼치고 일본의 하이쿠도 접해보고 문학적 역량을 길러야 덩달아 수준 높은 디카시가 나온다. 겉만 살짝 스쳐 반짝하는 느낌이 나는 디카시가 요즘 많은데 깊이가 없으므로 읽고 나면 기억에 남는 것이 없는 디카시가 되는 것이다. 괴테가 경험한 것을 문학으로 나타내나 그대로 나타내는 것은 문학이 아니라 했듯 대상에 대한 창의적인 발상과 발상의 전환과 대상의 확산이 있어야 좋은 디카시를 얻을 수 있다.

1) 좋은 디카시는 순간 포착으로

백척간두에서

보라, 동행하는 돌의 사랑을
견디며 천년을 함께 가자는 사랑을

- 김왕노

이것은 아침에 달리기 중 징검다리를 건너다가 문득 본 개울에서 얻은 사진이다. 핸드폰을 늘 들고 다니기에 얻은 사진이다. 돌에 이끼와 함께 자리 잡은 식물과 그 뒤에 하트 모양의 돌은 절묘하다. 식물이 서 있는 곳을 백척간두라하고 돌이 식물과 동행한다고 하니 나는 돌에게도 사랑이란 생명을 부여하였다. 디카시를 쓰는 사람은 돌과 나무와 비와 바람과 자연과 끊임없이 소통하고 교감하는 귀와 눈과 마음을 가져야 하는 것이다. 무생물에게 생명을 부여하면 드디어 무생물이 생물이 되어 우리에게 많은 노래와 말과 느낌을 전해주는 것이다. 의인법을 사용하라는 것이고 찰나 찰나마다 시간의 페이지 페이지마다 우리가 포착할 수 있는 사진이 영상기호가 숨어 있는 것이다.

떠도는 환유

물의 노마드가 아니다.
떠도는 섬이 아니다.

안드로메다에서
푸른 넋이 타고 온 우주선 한 척

– 김조민

　김조민 시인의 떠도는 환유는 절창이다. 순간 포착의 백미다. 자칫 포토포엠 같은 디카시, 즉 사진 설명으로 그치는 디카시가 많은 시기에 시 제목과 언술이 어떻게 이뤄져야 하는 지를 잘 보여 준다. 순간 포착으로 얻은 사진에 촌철살인처럼 일필휘지처럼 선언하듯 한 시어는 사진과 어울려 한 옥타브 더 높은 울림을 만들고 있다. 짧은 시가 어떻게 써지는지를 잘 보여주고 있다. 물에 떠내려가는 풍선 하나로 우주까지 노래하는 시인이 대상의 발상 전환과 확산이 대단하다. 물의 노마드란 말로 디지털 유목민이 무수한 세상에 희망을 던져주고 있다.

　순간 포착

우리는 수많은 경계를 만들어
이쪽과 저쪽은 다르다 믿어 버렸다

매듭은 풀리기 위해 있는 것
그래, 풀기 위해

- 소하

제목마저 순간 포착이다. 까치에 투영한 인간의 모습은 매듭을 풀기 위해 노력하는 모습을 시로 나타내 삶의 의지를 북돋운다. 이것이 디카시의 힘이다. 둥지를 지어놓고 둥지 안에 깔 부드러운 깃털을 얻기 위한 다급함이 까치에게 보이나 이것을 매듭을 풀기 위한 대상의 발상 전환과 확산으로 얻은 좋은 디카시의 예인 것이다.

공생

빛이 되기도 하고
빛이 되기도 하는

서로의 관계로 돌아가는 세상
서로를 위해 꽃은 피고 진다

- 박주영

  좋은 피사체를 얻기 위해 도시로 벌판으로 숲으로 가는 박주영 시인의 발소리가 세상을 보듬어주는 것 같다. 디카시가 눈부시게 아름답다.
  빚이 빛이고 빛이 빚이고 서로 빚지는 세상이라 서로에게 빛이 되어달라는 강한 메시지를 던져주는 시다. 하얀 꽃 위에 까만 개미 한 마리, 가장 부조화일 수 있으나 가장 조화롭게 이끌고 공생이란 공멸을 면하는 방법을 가르쳐 주고 있다.

당신께 닿아야 해요

꿈이 잘려나간 자리
묵언으로 말을 고르고

눈물로 마음을 헹궜죠

쓰러진 자리가
다시 일어서는 자리

- 손계정

이 한편의 디카시가 현대인의 갈증과 해소를 상징적으로 나타내고 있다. 쉽게 좌절하는 현대인에게 모든 것을 떨치고 일어나라는 소리 없는 소리로 외치고 있다. 이것이 디카시의 힘이다. 왜 디카시가 일반 독자의 일상 속으로 쉽게 스며드는지를 잘 보여주고 있다. 디카시는 결국 사람과 연관 지어져야 하고 인간의 삶을 베이스로 인간이 휘두르는 깃발이어야 함을 잘 말해 주고 있다. 디카시의 멋과 맛을 한껏 뽐내는 시다. 현대의 상징이 된 우울한 회색 톤의 색이 흐르는 도시에서 꿈을 한껏 펌프질해 주는 -당신께 닿아야 해요- 이다. '쓰러진 자리가 다시 일어서는 자리'라며 응원의 메시지를 끝없이 전해 주고 있다.

2) 좋은 디카시는 대상의 창의적 발상으로

창의적 발상과 발상의 전환이 얼마나 중요한지 문학에서 누누이 강조되어 온 것이 사실이고 창의적 발상이 문학의 원동력이자 생명이라 할 수 있다. 시가 낯설게 보기에서 시작한다면 디카시는 사진을 보고 낯선 발상에서 출발한다. 사진이란 경험에 남이 할 수 없는 새로운 발상을 하느냐 그 발상의 조건은 문학이기에 공감이란 조건이 붙고 공감하는 발상이 좋으면 디카시는 살아날 수밖에 없다.

이열치열

가슴에
火가 많은 여자
花로 풀었다

– 손설강

손설강 시인은 세상을 다 먹여 살릴 듯이 부지런하고 좋은 디카시를 항상 선보여 주시는 시인이다. '가슴에/火가 많은 여자/花로 풀었다'가 얼마나 명징하면서도 많은 시사점을 현대인에게 던져주는가? 삶의 지혜가 꽃으로 귀결되고 꽃이 삶의 고단함을 풀어간다는 발상 얼마나 건전하고 많은 감동을 던져주는가. 마음에 일어나는 불꽃을 꽃으로 다스려가는 모습이 아름답기까지 하다.

아버지의 삼베옷

올여름도 거미는 찾아와
부지런하게 일을 하는데
아버지의 삼베옷 사이
쉰 막걸리 같은 땀 냄새
못 맡은 지 이십구 년째

– 김사륜

거미줄을 삼베옷으로 창의적 발상을 한 김사륜 시인의 섬세함이 좋다. 거미줄에서 아버지에 대한 그리움을 극세사처럼 풀어놓는 시인의 필력이 돋보

인다. 발상을 어떻게 하느냐에 따라 디카시가 사느냐, 죽으냐의 판가름이 난다. 김사륜 시인의 시는 일단 정성이 들어가 보인다. 사진을 찍기 위해 대상 앞에 정중동 해 숨을 멈추고 있는 순간이 떠오른다. 거미와 돌아가신 아버지의 29년이란 간극을 삼베옷의 땀 냄새로 메꾸는 섬세한 손길이 시에서 느껴진다.

목목

나무와 나무가 모여
푸른 숲을 이루고
꽃을 피우듯
너와 내가 손을 잡고
웃음꽃을 피워가는 木木

– 김경숙

여기서 목목은 결국 나무와 나무가 아니라 사람과 사람이다. 사람과 사람이 어우러져 우주에서 가장 아름답고 향기로운 웃음꽃을 피우는 곳이 목목이다. 야생화와 같이 생활하면서 아침마다 묵향에 묻혀 좋은 시와 디카시를 쓰는 모습이 목목에 배어 있다. 시를 보면 대부분 시인의 모습이 드러난다. 시를 보면 시인의 마음이 드러난다. 시를 보면 시인이 펼쳐갈 세상이 보인다. 세상에 나무와 나무가 모여 숲의 이데아를 펼쳐가듯이 사람과 사람이 모여 유토피아를 건설하라는 간곡함이 시의 내면에 깔려 있다. 시에서 의인화가 중요한데 어떻게 나무를 사람으로 전환시킨 것도 단순한 것 같지만 엄청난 발상이다.

허공의 악보

저마다의 음계로 날아 앉는
즉흥쏘나타

Dm 베스 키key로 생을 조율하는

미완의 곡조

- 김유석

　김유석 시인은 김제에서 부지런히 시작에 전념하는 시인이다. 특히 좋은 시와 디카시를 써서 늘 감동을 던져준다. 전깃줄에 앉은 새를 악보로 보아 하늘을 음악으로 가득 채우는 것이 시인이 우리에게 보여주는 마술이다. 시인이 가진 마력이고 시인만이 할 수 있는 일이다. 'Dm 베스 키key로 생을 조율하는/미완의 곡조' 완성이 아니라 미완이기에 얼마나 긴 여운이 꼬리에 꼬리를 치는가. 이것이 창의적 발상과 발상의 전환을 통해 무릎을 탁치는 디카시 한편을 만나는 기쁨을 세상과 우리에게 던져주는 것이다. 이렇게 좋은 디카시를 늘 보여주기에 고마울 따름이다.

모정

어린 자식이
아플 때마다

등에 업고서
긴 긴 밤을 하얗게
밝히셨던 어머니

- 김영빈

이렇게 좋은 디카시를 대하니 가슴이 턱 막혔다. 너무 감동적이었다. 촛불 안에 실루엣처럼 계시는 내 어머니를 보게 되었다. 그리고 촛불을 모정으로 발상 전환을 한 김영빈 시인의 재치랄까 지혜가 놀랍다. 그리고 촛불을 가만히 바라보면 서서히 떠오르는 어머니 모습이 디카시가 줄 수 있는 모든 것을 다 준다. 재미와 깨달음과 감동마저 준다. 앞으로 디카시를 주도해 나갈 김영빈 시인의 시적 역량을 이 한편의 디카시가 다 보여준다. 자칫 어머니 아버지나 혈육은 시에서 잘못 건드리면 고리타분하다는 느낌을 많이 주게 되는데 아버지의 삼베옷_김사륜의 디카시와 모정- 김영빈 시인이 모든 것을 뛰어넘는 암수 한 쌍의 뛰어난 시를 우리에게 보여주는 것이다.

본보기

끝을 알 수 없을 때
너를 바라본다
희망의 꽃을 지피우는
마지막 피날레

- 조필

시의 구도가 여백마저 적절해 동양화 한 폭을 보여주는 것 같아 좋다. 남녀상열지사 같지만 끝이 없는 불안함을 꽃 하나로 극복해 간다. 꽃 하나로 희망의 불길을 지펴주므로 끝을 알 수 없는 상황에서 가지 끝의 꽃으로 희망으로 바꾸는 발상 전환이 선비의 정신처럼 곱다. 아니 선비의 마음이다. 조필 시인은 광주에서 광주디카시의 발전을 위해 노력하며 시인의 디카시의 울림이 일찍이 크다는 것을 알았다. 그만큼 디카시에 쏟아붓는 열정이 정제되어 기대되는 디카시를 많이 태어나게 하고 있다. 가식의 눈물, 갈증, 바다로 간 피사의 사탑, 노산, 침묵 등 주옥같은 디카시를 어떻게 쓸 수 있었는지 그 이유가 어디 있는지 알 것 같다.

8. 좋은 디카시 감상

필자는 웹진 시인광장 디카시를 발간하면서
웹진 시인광장 디카시 주간 김조민과
편집장 소하, 편집위원 박주영, 손계정, 손설강,
김경숙, 조필, 김유석, 김사륜, 김영빈과
오정순, 정사월, 최경숙 시인의 작품으로 감상 코너를 만들었다.

사는 이유

어쩌랴, 쓰러지는 지점까지 기울었으나
끝내 쓰러지지는 않는다는 것
어쩌랴, 기울어도 쓰러지지 않은 채
하늘을 보며 살아가는 게 그리움인 것을

김조민
2013년 계간 《서정시학》 신인상을 통해 등단.
2019년 미래서정 문학상 수상. GBN경북방송 편집위원.
웹진 《시인광장 디카시》 편집 주간. 한국시인협회 기획국장

척소(尺素)

잠시 집을 비운 사이 당신이
다녀가셨다는 소식을 들었습니다

기별 없이 내가 나를 다녀가
설익은 마음은 또
며칠, 푸르게 일렁이겠습니다

소하

본명 이은솔 , 2020년 계간 《시와 편견》 다카시 등단. 다카시집 『껍데기에 경의를 표하다』 『연잎의 기술』. 제3회 경남고성다카시공모전 수상. 제6회 이병주다카시공모전 수상. 2022년 시와편견&한국다카시학 공동 주최 올해의 시인상 수상. 시편작가회. 제주문인협회원. 한국다카시인협회 제주특별자치도지부 운영위원장. 웹진 《시인광장 다카시》 편집장.

너의 편지

내 마음에 숲을 이룬 이 누구인가

꽃잎 엽서 총총 띄우는 이 누구인가

박주영

2020년《뉴스N제주》신춘문예 디카시 당선
디카시집 『돋아라, 싹』, 동인지 『닿을 수 있는 거리』 외 다수
제1회 한국디카시학 작품상 수상, 웹진《시인광장 디카시》편집위원

꿈에 들다

순간, 모든 것이 달라져 버렸어
온 세상이 노래가 되었어
꿈이 되었어
몽환의 천국과 찬란한 지옥이 왔어
너 내게로 온 날

손계정

2002년 격월간 『시사사』 송수권 시인 추천 등단.
『솔개』『바람의 사모곡』『그림자의 노래』한일번역시집『아무도 부르지 않는노래』
디카시집『꿈에 들다』등 5권의 개인시집 발간.『내 마음의 푸른 길을 따라』등
개인 낭송 CD 3집 발행. 부산디카시아카데미 원장. 국제디카시문인협회 고문

시혼(詩魂)

지우고 비우고 버렸으나

마지막까지 버리지 못한

나의 베아트리체

손설강

(본명 손귀례) / 2001 《한맥문학》 수필 등단. 2002 《문학공간》 시 등단.
2023 《시와 편견》 디카시 등단. 저서 디카시집 『가족사진』 외 다수.
한국디카시인협회 서울중랑지회 회장. 논술학원 '지혜의 숲 서울 신내센터' 원장
중랑구 평생학습관 '디카시 창작반' 출강 중. 중랑신문 〈손설강의 디카시 한잔〉 연재 중.

숨 가쁜 문장

더 이상 쓸 게 없는

마침표가 아니다

다시 시작하려고

숨 고르는 쉼표다

김사룬
전북도민일보 신춘문예 시 당선(2022), 디카시집 이주민(2018)
디카시집 사건의 발단(2024), 웹진시인광장 디카시 편집위원

역설

딱딱한 것들이 만들어지는 곳은
알고 보면 먼저 부드러워져야 하는 곳
쾅쾅 두들겨 맞지 않고
단단한 모양이 될 수 없다는 것을
활활 불타는 불의 문자가 일깨워 준다.

김경숙

호 : 지헌智軒. 화천에서 출생하여 서울에서 성장, 《월간문학》 시부문 2007년 등단.
서울시립대 문창과 졸업, 현) 지헌야생화 연구소장, 한국바다문학상, 해양문학상,
부산문학상 본상, 세종문화예술상대상, 천강문학대상 등 수상, 저서 『소리들이 건너다』
『이별 없는 길을 묻다』『먼 바다 가까운 산울림』『얼룩을 읽다』『빗소리 시청료』 외

범법구역

잘못 든 길보다 위험하다.

넘느냐 마느냐,

이런 식의 갈등 끝에

사마귀는 간단히 '마귀'가 된다.

김유석

시인은 전북 김제 출생으로 1989년 전북일보와
1990년 서울신문에 시가 당선되어 시를 쓰다 2013년 조선일보 신춘문예에
동시가 당선되어 동시도 쓰게 되었다. 『상처에 대하여』 외 두 권의 시집이 있다.

삼보일배

좀처럼 보기 힘든
구름의 오체투지
왜, 죄는 사람이 짓고
속죄는 하늘이 하는가

김영빈

2017 이병주 문학관 디카시 공모전 대상, 2017 황순원 문학관
디카시 공모전 최우수, 2021 계간 『시와 경계』 디카시 신인문학상,
2019 사진시집(디카시집) 『세상의 모든 B에게』 출간, 2023 디카시집 『Pause』 출간

갈증

고갈된 마음의 통로
당신의 언어는
나를 깨운 젖줄이었다
목을 축이던 그날의 기억
이젠 돌아와 샘물이고픈

조필

광주디카시인협회 회장, 광주문협 시협 회원,
국제PEN광주지역위원회 회원, 빛고을노인건강타운 디카시 강사,
디카시집 『바다로 간 피사의 사탑』

건물주가 운다

철새처럼 떠도는 낙엽 입주자 다 어딜 갔나

건물주는 공실에 애가 탄다

3월이 되어야 푸른 입주자 생길까

오정순

2021년 경남 고성 국제한글디카시 공모전에서 대상을 수상
디카시집 『무죄』를 발간, 1993년 『현대수필』로 등단헤 세종우수도시
선정위원(2017), 고등학교 작문 교과서 〈칭찬의 힘〉수록 등
왕성한 창작 활동을 하면서 15권 이상의 저서·수필집을 발간한 중견 작가

화려한 밥상

굶주린 자에게 꽃은 사치다

정사월

2011년 『자유문학』 시부문 신인상 등단.
2022년 〈이병주 하동국제문학제〉 제8회디카시공모전 수상.
디카시집 『하늘카페』, 경북도민일보 '정사월의 디카시' 연재중.

수다 삼매경

허허 거기 좀 조용히 합시다

마스크도 쓰지 않은 채

목젖까지 다 드러내 놓고

최경숙

2019년 제100주년 3.1절기념 배둔장터 독립만세운동 디카시 공모전
'백년의 궤적' 대상, 2021년 제7회 이병주 하동국제문학제 디카시 공모전
'수다 삼매경' 대상, 2021년 시와 편견 여름호 디카시부문 '아버지의 땅' 외 2편으로
신인상 수상 및 한국디카시인협회, 경남시인협회, 시편 작가회, 물목문학회 회원으로 활동

각설이

너를 보면 눈물이 난다.
가마우지 떼 나는 초록별에서
잘 살다가 목숨을 구걸하러 온 너
너를 보면 모질게 모질게
살아온 나도 눈물이 난다.

김왕노

경북 포항에서 출생. 《매일신문》 신춘문예 등단. 「포착과 직관, 이미지 확산의 빅뱅」으로 평론 등단. 시집 『사랑해요 밀키스』 등 21권 상재. 박인환문학상, 지리산문학상, 디카시 작품상, 한성기문학상, 풀꽃문학상, 시작문학상, 제1회 한국디카시학작품상, 황순원문학상 등 수상. 현대시학회 회장, 한국디카시학 주간 역임. 현재 웹진 시인광장 발행인

9. 끝으로

  필자의 디카시 입문서가 디카시를 쓰는 사람들의 물꼬를 터주기를 바랍니다. 디카시가 일상 문학이 되고 세계로 확산되는데 보이지 않는 곳에서 헌신하시는 분들이 많이 계시고 열정적으로 디카시에 매달리는 분들이 있어 늘 고맙습니다. 아울러 웹진 시인광장 디카시의 일원으로 날마다 좋은 디카시를 웹진 시인광장 디카시에 올려주시기는 주간 김조민, 편집장 소하, 편집위원 박주영, 손계정, 손설강, 김경숙, 조필, 김유석, 김사륜, 김영빈님에게 거듭 감사드립니다. 그리고 디카시마니아의 오정순 정사월 시인에게도 아울러 감사드립니다.

● 부록 - QR코드로 떠나는 디카시 여행